어리석은 이데아여! 이크, 마린블루시계 찼네

어리석은 이데아여! 이크, 마린블루시계 찼네

이지향

현대시학서정시선 04

* 시인의 말

포말은 해일과 친구 먹고
해일은 아찔과도 오랜 세월
부적절한 관계를 이어왔지요

적절한 거리 적당한 간격 적확한 표현만이
도도한 존심이라구요

능력 있어 흡족하고 너무나 매력적인

완벽을 지향하는 매혹을
지속적으로 밀당해 줄 거물급 스파이를
기다려야 할 것인지 그 영향력이 문제로다

활로를 뚫어봄세
다 함께 모름지기

2025년 12월
이지향

차례

: 시인의 말

1부

숙영낭자 머리핀은 삼삼한 금도금이네	12
현대시	15
알것제?	16
어르신	17
8月 끝물	18
키스	19
경아, I love you	20
허상	22
독자의 시절 이야기	27
소똥철학	30
말똥철학	31
현顯을 위한 아홉 개의 포도 알갱이	32
아빠	34
하지	36
망종	37
그들의 세계에도 논리는 있다	38
한라아재와 절리아씨의 혼담기	40
3月	44

2부

스프링클러	46
해	47
표범 그리고 나	48
시 한 편	50
종다리지치	52
절벽 위에서 헤드뱅잉을	53
마실	56
개발선인장	57
오이지	58
호프집	59
칠월	60
샤인머스켓	61
그레이 누나 할매	62
제비붓꽃의 노래	64
독종	65
악귀 같은 여름, 그래도	66
이 봄날에	68
여름 그리고 나	70

3부

흙	72
빗방울은	73
슬픈 연인이여, 제발	74
초현실주의	76
어리석은 이데아여	77
오빠, 심심해!	78
폐병쟁이 아주매	81
폭염	82
무궁화	83
행복	84
광복절	86
새초롬한 시요씨	87
찰나를 살아야 해	88
사랑	90
환희 놈을 키우라구요	92
아궁~ 예쁜 거	95
달님	96

4부

와이브로wibo 수선센터	98
사패산 회룡사	100
왜 이러는지 몰라	102
아랏차차 암탉이 기합을 넣을 때	104
배꽃	105
나비장롱	106
누렁이	108
금잔화	109
구애求愛	110
난초	112
숨	113
어떤 부부	116
심장아, 제발 나대어다오	118
복실이	120
페티큐어한 물	122
물의 르네상스	124
고백 아닌 고백	126

1부

숙영낭자 머리핀은 삼삼한 금도금이네

 나 배꼽 터져 피 울컥울컥 쏟으며 태어나기 전 신생아실 산파는 흰 서답 같은 천을 허리께에 두르고 우리 엄마 똥꼬를 사투어린 안간힘으로 막고 있었습니다 넓적한 비닐을 만장인양 깔고서 말입니다 구멍을 막고 있던 그녀의 발뒤꿈치는 못물 막는 용신처럼 막무가내 요동이 없었습니다

 나 분명 허술한 팔자임에도 박차오르는 날갯짓 팔랑고롱거리며 비상하였고 자칭 설화의 주인공인 바리데기가 된 심정으로 산천초목 위협하며 동가식서가숙하였지마는 훤칠한 정신과 강철 근육을 무기 삼아 가열찬 행군을 계속한 끝에 지혜를 활용한 능력으로 1차 전쟁을 무사히 치르고 자식에서 부모로 평화로운 영전을 하였습니다

 나 뻣뻣한 갈기 휘날리며 무작정 달려가는 적토마로 살아갈 때에 누군가 소리 소문 없이 짠하고 나타나 말발굽엔 실한 편자를 까칠한 터래기엔 모이스춰크림 듬뿍 발라주었

지요 원도 한도 없이 당근까지 먹여주고 말입니다 그이가 사람인지 귀신인지 지금도 알 수 없어 뜬금없는 수소문만 계속하고 있는 중이랍니다

  심중에 실낱같은 소원이 남아있다면 발가벗은 햇살이 심심한지 물구나무 서다마다 할아버지 혹 떼는 놀이 한창일 때 21호 23호 파운데이션 곱게 섞어 그라데이션 기법으로 펴 바른 후에 채색 선명한 옷으로 치장하고 아무 소리 들리지 않고 누구 하나 보는 이 없는 풍광 좋은 외딴섬에서 천사의 손길 가만히 내밀어 준 그분과 데이트 한 번 찰지게 해 봤으면 정말이지 기분 좋겠습니다

  바람이 막무가내 숲의 허리 비집고 기어들어가 살을 찌우는 동안 순한 연두는 들판의 옴팡진 정수리에 헤이헤이 쌈바 함시롱 마구마구 불을 붙이네요 숙영낭자는 삼삼한 머리핀 해 꽂고 오늘도 적요 속 격렬한 운명의 사운드 주파

수를 오라이오라이 진보적인 속도로 조절하는 중이랍니다
고마움의 진정한 혈족들이 미안함이란 맹독을 풀어 상처를
단번에 치유할 줄 누군들 짐작이나 했겠어요?

현대시

아스퍼거 증후군인

오백나한

혼렛날 상차림엔

내장 터진

청어구이가

꽁치조림으로

대체 불가

알것제?

    요즘 입맛 없다면서 우리 집에 와 조개젓 야채 흠뻑 넣고 무쳐 놓았으니 김 싸 먹어 그럼 입맛 돌 거야 나폴레옹도 전쟁하다 하다 지쳐서 녹초가 되었을 때 그의 취향을 잘 아는 부관이 조세핀이 삼일 이상 입고 있던 팬티를 프랑스 깃발처럼 쇠스랑에 걸어 그의 코앞에서 살랑살랑 흔들어 주었더니 그녀의 체취에 눈을 번쩍 뜬 그가 "오우! 조세핀~ "을 연발하며 그 전쟁을 어마어마한 승리로 이끌었다지

    아직 복날은 멀었지만 에어컨을 아끼는 날은 땀띠가 돋아 그래도 너와 내가 좋아하는 요 호청은 쌀밥 되직이 해서 밥풀 먹이고 발 다듬이로 맨질맨질 다듬었으니 하나씩 나누자 내가 아픈 5년간 나 보살피느라 고생했잖아 고마워 방금 수정과 끓였으니 차게 식혔다 너 도착하면 색색 화전 부친 것하고 에피타이저 시작하면 되겠다

    너 갈 때 친정어머니가 담궈 준 조선된장 갖고 가 그리고 그냥 가지 말고 허그 한 번 찐하게 해 주고 가 알~ 것~ 제~?

어르신

어르신이란

젊은 사람이 나이 든 사람에게

붙여주는 아부형 말씀이 아니고

생의 한 시기, 나이 든 남녀의 몸과 마음가짐을

사실주의로 표현하나니 처진 눈매 늘어난 목 나이테

기일 잊고 지나가는 자손들

매가리 없는 말도 특히 서운하고

푸석한 무릎뼈가 만세삼창하거나

까먹어 잘 모르겠다 기억력과

진창에 버려진 갈대밭 의지력

그리고 인생의 회한에 가끔 눈물짓는

과거로의 되풀이 울력을 뜻 하나니

이르신이라 후회의 쓰나미에 빠진 바닷가

반짝 실행하고픈 몇 편의 모험심

그 빛나는 광휘의 발자국보다 돈키호테를 사랑하는

열네 살 볼이 붉은 소녀의

홍조가 더 어르신일 수 있네

8月 끝물

칸나 장딴지가 튼실해지고

맨드라미 볏이 수탉의 볏과 내기할라치면

쌍쌍이 꼬리 묶인 잠자리들이

저공비행하면서

애정의 결속을 다지기도 하지요

자두는 농염하게 익어 문간방 새색시 입덧에 일조하고

쌉싸름한 성깔 자랑하는

상추 고갱이는 나날이 몸값 올리네요

수돗가에 쪼그리고 앉아 차가운 물에 얼굴을 씻자니

나이 80이 문득 떠올라서

이거 끝물 아닌가 하는

생각을 지울 수 없네요

내게도 분명 첫물이 있었을 텐데

키스

연루되어 체포되었으니 눈을 감거라
부풀어 오르다 터지니 눈을 감거라

사랑받는 사람이 겪는
진창에 빠진 발목이니 눈을 감거라
영롱과 황홀의 진주이니 눈을 감거라

슬픈 겻불이 타오르니 눈을 감거라
흉 진 자리 파묻지니 눈을 감거라

늑대 울음 잦아든 깊은 동굴 속
종유석과 석주 얽히듯
들숨날숨 맞바꾸며
복숭아 맛 비릿할 때

키스해도 되나요

경아, I love you

이번에 사서 보낸 흰색 블라우스 있잖아, 옥시크린 반 스푼에 하이타이 반 스푼 넣고 빨아, 너무 밝은 곳 말고 중간 정도 채도가 나오는 곳에 널어, 모란과 작약 무늬의 디테일이 삐끗하면 멋이 없잖니, 왜 하필이면 성가시고 까다로운 흰옷을 사주느냐고 물어보겠지, 올림머리에 한복이 잘 어울리는 네 스타일에는 흰색이 딱이야, 엄마 팔순 잔치 마치고 귀성길에 꾸역꾸역 싸 주었던 오곡밥 냉동시켰다 두고두고 잘 먹었다.

밥물을 어쩜 그리 잘 맞추었니, 오곡이 살아 숨 쉬며 적당한 찰기로 각각의 오케스트라를 펼치니 입속이 무한 즐거운 호강이더구나, 어릴 때 단칸방에서 일곱 살배기인 너에게 찐빵 심부름을 시키면 "언니, 우리도 조금 있으면 부자로 잘 살 수 있지?" 머루처럼 까만 눈망울을 반짝이며 토끼걸음으로 달리던 그 모습이 두고두고 사무친다.

부산 태종대 호쾌한 바닷바람에 바바리 깃 고추 세우며
효녀 딸과 행복의 샘터 퍼 올리는
내 동생 경아, I love you!

허상

ㅋ이 죽었다가 다시 살아나서 도로를 일어서게 한 다음 유유히 산책을 한다

ㅈ은 죽었다가 다시 살아나 가끔 시를 쓰고 시가 밥벌이가 되나 의심하다가 개를 산책시킨다

ㄹ은 담배를 한 대 피운 후 곱게 화장을 하고 미장원에서 볼륨셋팅 펌을 한다

그저께는 옛날에 세상을 하직한 친구를 만나 호프집에서 수다를 떨었는데 죽었다는 사실을 까마득히 잊었다

ㄴ은 살아 있는 사람인 척 남극의 고래를 보러 여행을 떠나겠다고 했다

아무도 그 말에 신경을 쓰지 않았는데 잘도 떠들었다

엔틱카페 테이블에 앉아 떠드는 사람들도 살아 있는 척 각자 폼을 잡느라 분위기가 흠숭했다

이 도시만 해도 사람들의 머릿수를 헤아리기 힘들 정도라

누가 죽은 사람인지 누가 산 사람인지 진실을 알기 힘들었다

ㅂ은 쌍둥이를 출산하고부터 자신이 죽었다는 사실을 깡그리 잊기로 했다

깊이 생각해 봐야 좋을 것이 없는 일이었다

ㄱ은 죽은 애인과 ㅅ은 지금 살아 있는 애인과 동시에

호화로운 결혼식을 올렸는데 축사는 총리가 와서 해 줬고

결혼식 비용은 전부 공짜라서 모두의 축복 속에 기똥찬 피로연을 즐겼다

또다시 죽음이 그들을 갈라놓을 때까지 신나게 즐기기로 맹세하였다

행복은 쟁취하는 것이 아니라 우연히 발생하는 일임을 알기에

ㅎ은 까마득히 잘 죽었다가도 일 년에 한 번씩 꼭 깨어나

자신의 누렁개가 잘 지내는지 확인하고 치즈크러스트 피자를 간식으로 믹는 걸 보고 다시 죽었다

ㄷ은 매일 갈치, 조기, 가자미 등 생선구이를 즐겨 먹으며

죽어서도 이걸 매일 먹을 수 있다면 당장 죽어도 문제될

게 없다고 확신에 찬 눈빛을 반짝였다

  ㅁ은 자궁암 경부암과 대장암 말기로 죽음 근처를 배회하고 있었다

  비쩍 마른 몸으로 더 이상의 항암치료를 포기하고 아픔 없는 세상의 고요만 동경하고 있었다

  그녀는 자다가 일어나면 주방에서

  해감 한 꼬막을 삶아 양념장에 무치고

  우거지에 돼지고기 목살을 저며 넣어 된장국을 끓이고

  치아가 부실한 시부모님께 배를 넉넉히 넣어 물김치를 담그고

  사근사근한 배추전을 부치고

  메추리알로 장조림을 하였다

  그러다 또 잠이 오면 따뜻하게 데워진

  주방 발 방석 위에서 잠이 들었고

  혹여라도 잠에서 깨어난다 싶으면

생강술에 커피가루를 넣고 키위를 갈아
냄새나는 돼지고기 부위에 연육작용을 시도하였다

눈길 위에서 뒤뚱거리며 폐지를 줍던 녹색조끼 노인
길가는 행인 중에 공명심이 조금 있는 사람은 리어카를 밀어주는데
작년보다 더 앙상해진 가랑이지만 힘을 내어 꼿꼿한 걸음을 시도해 본다
아직까지 삶의 행군에서 이탈하지 않았으며
그래도 승리하리라는 막연한 자신감이 녹슬지 않았기에
군데군데 채색된 검버섯에 기를 불어넣고
늘어진 주름살에 탄력의 고무줄을 잡아당길 때
새는 노래하고
기수도 노래하고
햇빛을 토막 내어 굳건한 담장을 쌓고
개미 떼 출렁이는 황톳길에 맨발도 비벼보고

이왕이면 길가에 뿌리박는 질경이풀을 위해

새는 날면서 노래하고

졸면서도 노래하고

가수는 입 다물지 말고

계속 노래하고

죽고 죽고 죽어도 다시 살아나 노래하고

츠은 어제 쓴 유령이란 단편소설을 다시 써 내려가고

프은 유명시인이나 소설가의 좋은 문장을 필사한다

불행이란 먹구름은 시종일관 그림자를 따라다니고

불운이란 파노라마가 드럼통 가득 쏟아져 내려도

지구가 비, 돌풍, 우박, 벼락, 천둥벌거숭이에

겉절이 해 먹히지 않은 이상

허상이 이상이 되고 이상이 허상이 되는

독자의 시절 이야기

 내 나이 열여섯 학교 근처에 살던 고모 집에 갔을 때 배추 겉절이에 석쇠에서 구운 돼지갈비에다 허연 쌀밥을 찬합에 퍼 와서 자꾸 먹으라는 거야 공기밥을 두 공기까진 신명나게 먹었는데 하필 반찬 두 가지 다 내가 아주 좋아하는 것들이고 반찬이 너무 맛있어서 혀에 모터를 단 것처럼 제어가 되질 않아 한 공기 더 간절히 먹고 싶은 바람을 갖게 되었지 그런데 고모 고모부 눈치가 보여서 선뜻 행동으로 이어지긴 저어하고

 몸이 약한 고모가 보고 싶고 걱정도 되어 학교 마치고 고모집에 들르면 밥도 먹고 설거지도 순풍 순풍하고 다리 밑 공동 수도 물 받는 곳에서 수돗물을 받아 부엌 항아리마다 차곡차곡 쌓아 놓으면 고모가 그렇게 좋아하니까 자주 들렀지 그 행동이 이뻐 보였는지 고모부가 무슨 과일이 제일 먹고 싶냐고 꼬치꼬치 캐물어서 마지못해 "바나나 예~ " 하며 천기누설처럼 흘리고 말았지

한 십오 분 이상 거리에 있는 제일 큰 과일 가게를 찾아갔더니 아뿔싸 하필이면 그날이 그 가게의 정기휴일일 줄이야 철옹성 같은 셔터문이 베를린 장벽처럼 가로막고 섰는데 별리를 직감하고 돌아오는 길에 너무나 억울하고 아쉬워서 눈물이 찔끔 났었지 그 옳다구나 하는 절호의 기회를 놓쳤으니까

 서울 부산 창원 수원 부천 등지에 오남매 뿔뿔이 흩어져 둥지를 틀고 잘 살고 있고 영감은 몇 해 전에 하늘나라로 고이 모셔드렸으니 원도 한도 없는 이승의 나이 구십칠 세 남들은 키가 작다지만 무늬 근사한 베스트를 즐겨 입고 겨울에는 긴 부츠를 신고 또박또박 걸음도 곧잘 걷는 왕비열전 60권을 완독한 열혈 독자인 셈이지

 그래도 허수경의 「폐병장이 내 사내」와 박준의 「파주」란

시를 좋아하고 일본엔 92세에 시를 쓰기 시작하여 99세에 『약해지지 마』란 시집을 자비로 출간하여 전 세계 독자에게 150만 부 이상 판매한 시바타 도요 할머니에 비하면 한참 멀었지

   그러나 지금도 가슴 휘몰아치는 광휘의 글귀를 만나면 그만 함께 끌어안고 죽고 싶어지는 걸

소통철학

삶이 축복인가 죽음은 불행인가
그것이 알쏭달쏭

지금 그득한 것은 행복이고
지금 차지 못한 것은 불행인가
그것도 알쏭달쏭

행복해서 감사한가 감사해서 행복한가
그것도 오리무중

이미 이룬 것은 무한 행복이라 대단하고
또 이루어 놓은 것은 결국 없는 것일 수도 있기에

아님의 철학을 전적으로 수긍하면

무한의 길이 열릴 수도 있으려나

말똥철학

오늘, 분명 무슨 사건이 일어났지롱
그런데 어떻게 지혜롭게 대처하였당가

내 괴로움은 하늘도 울고
땅도 갈가리 찢기도록 아프고

내 슬픔은 온 우주를 통곡소리와 함께
피바다로 적시었건만

이 지랄맞은 삶의 운행은
일 초 일 분
한 호흡이라도 중단한 적 있었던가

살모사 혓바닥 널름기리는
일촉즉발 시간의 계율이여
네가 그렇게 잘 , 났 , 냐 ?

현顯을 위한 아홉 개의 포도 알갱이

순네야 기억하느냐

 모래바람 서걱이는 낙동강 상류의 파랑치던 밀물들을 수없이 솟구쳐 오르내리던 오두방정 벌새들의 날갯짓을 야산 모퉁이를 돌고 돌면 목책이 일렬횡대로 서서 땀을 닦고 포도 잎사귀들이 자진해서 차양막 노릇을 하던 그 과수원의 고요를 너랑 나랑 혹여 싸웠어도 그곳에만 모이면 마음이 실실이 풀어지는 매직 쿵쿵따였지 네가 지극 정성으로 모시던 아버지는 항시 질병 속에 있었고 선천적으로 다리가 불편한 오빠는 침통한 얼굴로 입을 굳게 다물고 있었지 너의 포도밭 지킴이 아르바이트가 네 집안의 큰 보탬이 되었을 거야 그래서 너는 학교가 끝나면 미친 듯이 그곳으로 달려가 듬직한 집안의 기둥이 되기도 했어 열두 살 나이에 석양이면 수평선이 되었다가 까무럭 지평선이 되기도 하는 너를 찾아 몸 오그리고 앉은 굴속 같은 천막으로 달려가면 너는 서리해 온 포도송이를 양손 가득 들고 와서 포도알을 입안 가득 따 넣고 하모니카 불 듯하면서 껍질만 발라내는 기술을 우쭐해하며 시범을 보여주었지 입안에서 압착되던 포도 알갱이의 액즙은 너무도 감미롭고 달콤해서 이게 바로 천상의 맛이려니 했었다 보라색으로 물든 입술을 가진 계집아이들의 좀도둑질마저 죄가 되지 않고 오히려 행복에 겨운 욕망의 면죄부로 상쇄시켜 주던 그때 그 순간 마침 당도한 하늬바람도 아름다운 식욕이라 부추기고 두이노의 비가가 다시 잉태될 것 같은 비밀한 밤이 램프 불 앞장세워 반짝반짝 점등을 시도하고 있었지 불행마저 그다지 아프지 않고 서러움과 쓸쓸함을 주고받고 나면 기쁨의 이중주로 되살아나 따사로운 햇살로 일렁이며 흩뿌려지던 지금도 허공을 맴도는 까르륵거린 그 웃음소리를 변증의 오류로 간직하며 아직도 사모하고 또 사모하고 있나니 포도 이파리 떨어지듯 멀어져 간 그리움 한 자락이 황망히 돌아갈 채비를 차릴 낌새인데 통통통 튀어 오르던 발그레한 환희들을 질긴 낚싯줄에 엮어 두고 초가을 뭉게구름 속으로 선명하게 퍼져 나가는 무지갯빛 환영을 현을 위한 아홉 개의 포도 알갱이로 추억하노니

   동무여, 그러면 안녕!

아빠

얼굴을 감추려고

도리질하면서

허겁지겁 달려오는 흰나비

옳지 잘 만났다

나랑 함께 가자꾸나

초등 5학년 때

급환으로 돌아가신 아버지 사진

돋보기로 자세히 관찰했더니

내가 그리도 좋아한 미세 각도로

웃고 있는 젊은 아버지

그렇게 일찍 달빛으로

굽이굽이 수놓아질 줄 알았으면

점잖 빼며 아부지 하던 것을

애교를 콧구멍 안에 쎄리분질러넣고

아빠 한 번 해볼걸

그렇게 못 불러 본 것이
두고두고 통탄스러울
뿐이고 뿐이고 뿐이다

저 은사시나무 등걸
파내 뿌고
아버지 유골함 모셔 와서
살랑살랑 나비재롱 보여드리고
달빛으로 흩어졌던 기운 일으켜 세워
내 눈빛과 조우하게 한다면
그리움의 청맹과니
각대기길 옳게 하는 게 될까

하지

관절이여

부디 날라리가 되어

나비처럼 가볍기만 염원한다

그리하여

신통방통하여라

망종

꽃대 밀어 올린 범부채꽃

씨 뿌려준 그이는

연분홍이 허공에서 살사 딱지춤

출 것을 예감했을까?

그들의 세계에도 논리는 있다

 내가 다른 건 몰라도 일본어는 좀 하거든. 그래서 엄한 시어머니 몰래 그 사람과 수어하듯 급하면 일어로 대화하곤 했지. 어머니가 두 눈에 시퍼런 쌍심지 돋우며 씩씩거릴 땐 우리 둘이 숨어서 하던 그 짓거리가 더 재미가 있고 고소했지. 요즘말로 스릴을 즐겼다고나 할까. 그것도 19살에 결혼하여 남편이 내 곁에서 철통같이 방어해 주던 35세까지만 가능했던 일이야. 한마디로 16년 거치 17년의 세월이 내 행복의 초절정기이자 핍박기라 할 수 있지.

 그러나 시어머니와 남편이 하늘나라로 꽃구름 타고 날아간 지도 오래되고 내 나이가 97세이니 나쁜 일은 거의 잊게 되고, 좋은 것만 생각나니 아이스크림처럼 녹아버린 세월이 꼭 나쁜 기억만은 아닌 것인가 봐.

 좀 크다고 할 수 있는 적산 가옥에 달랑 혼자 살지만 전단지라도 구하게 되면, 10원이라도 싼 마트에서 식품 재료를 구입하고 해거름에는 건강을 염두에 두고 몇 걸음이라도 걷

고 있어. 서울 부산 대구 수원 등지에서 살고 있는 오남매가 번갈아가며 안부 전화를 해 오면

"너희들 사랑 못 받을까 봐

아파도 아프단 소린 안 할란다."

이런 럭셔리한 할무이한테 신사도 갖춘 건강한 할부지 한 분 데이트 신청한다면 응할 용기는 있어. 단 하나 주의할 점은 내가 죽으나 사나 얼굴을 좀 밝힌다는 사실. 실은 나도 젊을 땐 영화배우 조미령보다 더 예쁘단 소릴 들어본 적이 있거든. 호 호 호

한라아재와 절리아씨의 혼담기

밤바람이 차디찬 내 손바닥을 디뎌주며 눈 깜짝할 새에 하트 표시를 하고 달아난다 나 오늘 밤 무엇에 낚인 것 같네 아참, 어제 〈고고학유적 컴퍼런스〉에서 만난 청년이 무언가를 주었었지

내 사랑 여왕벌 절리아씨에게!

내 사랑, 내 인생에는 그대밖에 없답니다

내 삶에 있어 유일한 존재, 나의 첫사랑!

그대는 내가 숨 쉬는 하나하나의 호흡이랍니다

나의 모든 사랑을 그대와 함께 나누고 싶어요!

그대 외에는 그 어떤 누구와도 그렇게 하고 싶지 않아요

또 그대의 눈동자는, 그대의 눈동자는 그대가 내게 얼마나 지극한 정성을 쏟는가를 나타내는군요

오~ 오~ 그래요 그대는 언제나 나의 끝없는 사랑이에요!

두 개의 가슴, 하나의 고동치는 두 개의 가슴…

당신과 나

우리의 삶은 방금 시작됐어요 영원히 그대를 내 품 안에 안겠어요.

난 그대의 매력에 참을 수가 없어요 그리고 사랑해요!

난 그대로 말미암아 바보가 되어요 그렇지만 내가 상관치 않는다는 걸 그대도 알고 있으리라 확신해요

왜냐하면, 그대의 존재는 내게 온 세상과 같은 의미를 지니니까요

오~ 난 알아요 난 그대에게서 발견해냈어요

나의 끝없는 사랑을!

그래요 그대는 유일한 존재! 아무도 부인할 수 없어요

내면의 이 사랑을 그대에게 모두 드리겠어요

내 사랑, 나의 비너스! 나의 끝없는 사랑,

내 영혼과 육체를 받아주세요 그대의 품 안으로⋯

나 그대를 영원토록 사랑하리라!

서기 1970년 9월 9일

당신의 일벌 바보 온달이

그 편지는 보리밥을 청국장에 비벼 알타리 무와 함께 씹어 먹는 기분이었고 라마가 눈을 껌벅거리며 하늘과 땅의 경첩을 열어 버리듯 높은 곳의 융숭함이 깊은 곳의 꼬지레함을 부끄러워하듯 내 인생에 펼쳐졌던 부끄럽고 난해한 여정이 겹겹의 옷을 벗어버리고 실오라기 하나 걸치지 않은 순연한 몸뚱이로 물세례를 받는 느낌이었다

그 주변의 희로애락의 사연을 뱉어내며 내가 품은 거대한 바다를 향해 밤에도 낮에도 눈보라나 얼음을 밀며 날이 날마다 헤엄쳐오는 그 사람 그중에 예스 아이 캔 이란 책과 카네기 인생론 전집을 읽었다는 사실이 아주 많이 반가운 나는 1년 가까운 그의 정성어린 구애에 넉 다운

내 안에 그를 들이는 일은 넓이와 깊이를 잴 수 없는 일이라 몇 날 며칠 생각하고 또 생각하였지만 그는 옥빛 대님을 풀어 헤치고 칭얼거리기도 하고 때론 음흉하게 때론 조직적

이지만 느긋하게도 괴어 와서 도리가 없고 어쩔 수가 없어 무장해제되었지

　그가 일이 잘 풀리지 않아 화통치 않게 된다 해도 반지하 셋방이라도 얻어 촉수 낮은 청사초롱 등불이라도 달아볼까 결심한 날 새벽녘에 까치는 메조소프라노로 유 아 마이 선샤인을 두 번이나 노래하고 갔다

3月

　제비는 하늘 이마에 성호를 긋고 초록 뱀은 윙크하는 하늬바람에 정신이 혼몽하고 낯술 불콰해진 홍매화 입천장은 바르르 떨리는데 해토 비에 녹은 땅엔 피가 돌아 곧 해산할 봄볕 아부시고 송이버섯 포경수술이나 시켜야겠다

2부

스프링클러

　내가 뼈라는 뼈는 모두 다 관절이라는 관절은 모두 모두 으스러뜨리며 살갗이 찢어져라 발광하는 것은

　과거라는 과거는 깡그리 잊기 위함이다

　나는 그날 성냥개비 한 알로 홀라당 집을 태워 먹고 아버지 어머니 그리고 어린 동생들까지 재투성이로 만들었기 때문에

　겨울밤 머리통이 시퍼런 무를 사이좋게 깎아 먹고 기쁨과 슬픔을 나눠 가진 피붙이들을 장난이란 재미로 갈가리 찢은 통한을 삭이고자 여기까지 왔다 앞으로도 물대포의 지랄발광춤 죽 그럴 것이다

해

그녀는 구척장신임에도 성격이 우아한 꽃미남 아폴론을 무척이나 사랑하였고 그 아들까지 낳았다 안과 밖이 아버지와 판박이인 아들은 머릿결이 병아리 피부색이었고 눈은 더욱더 굵게 쌍꺼풀져 있었다

아들이 자라 샴쌍둥이 붉은 장미 무리들이 앉고 일어서고 정열 바쳐 치장하고 있는 식탁에 앉아 와인 한 잔 곁들인 식사를 할라치면 그를 연모하던 처자들이 그의 정기를 갉아먹고 핥아먹고 씹어 돌린 시간이 고작 십오 분 남짓 되지 않았음에도 그녀들은 폭삭 삭아버린다

하늘 아래 일은 모두 낮게 보이는 시간 낮달마저 죽은 체할 때 황금빛 갈기 세우고 아무도 하늘 일을 엿보는 사람은 없을 테지 지위히며 그기 기진 전능의 힘과 징수 내구력으로 시련을 극복하고 삶의 난간을 긍정의 아이콘인 오로라 함지박으로 받아낼 생각이다

표범 그리고 나

현금 인출기에서 볼일을 보고 나오다 바닥에 떨어진 동전 300원을 주웠다. 아무도 보는 사람은 없었다. 아무래도 내 인생에서 드문 일진이 좋은 날 같다.

장마인 듯 아닌 듯 날씨 탓인지 원활한 현금 유입이 난항을 겪는 중이라 그런지 화가 치밀고 답답한 중에 미스터트롯 진 김용빈이 부른 〈앉으나 서나 당신 생각〉은 저질스럽다며 팽개쳐 두었던 트롯을 다시금 듣게 하는 요술을 부렸고, 소리쳐 불러도 아무 소용이 없어라 하는 부분 중 (불~ 러~ 도)는 빌딩 벽을 기어오르다, 여우가 둔갑하여 수없이 떨면서 갖은 술법을 부리는 음색인데 호소력이 짙고 절묘하게 아름답기까지 하여, 철렁한 감동으로 심장이 벌렁거리고, 종당에는 눈가가 촉촉이 젖어드는 마술에 잠기게 된다.

김수영 수상작품 「표범약사의 비밀 약장」 문혜진의 시는 검은 표범의 찢어질 듯한 근육, 윤기 자르르한 흑단의 전율, 폭발할 것만 같은 벨벳의 질감은 레오파트 문양과 오버랩되고, 회색 전갈자리 운명에서 헤어나지 못하는 피멍 든 눈빛, 참혹한 식욕을 주저치 않은 탐욕, 광풍 이는 격랑의 바다까지 오롯이 삼키려는 집착력 등 그녀의 광적인 표범사랑 이미지에 주저함 없이 열렬히 공감 내지 동조하게 되었지.

  피카소가 말했던가.
  "좋은 예술가는 모방하고, 위대한 예술가는 훔친다."고

시 한 편

구걸하지 않겠다는 자존심 하나로
깡촌에서 상경한 열여섯 살 분이
노란 꽃술의 갑사댕기가 어쩐지
슬퍼 보이는 어눌한 말씨가 튀어나올 때마다
입술은 갈라지고 목구멍엔 백태가 끼는데
들창가에 지지배배 지지배배 우짖는
종다리와 합창하는 신명 난 눈동자 초롱초롱
후레쉬 켜서 산 들 지나 물 건너 발 디디고
어머니 당부하던 짤막한 이야기 되새길 즈음

댓잎 가열차게 살랑이자
모서리 나들나들 닳은 책 속의 그 구절
"살다 보니 괴롭고 슬픈 일도 많았지만
그래도 살아 있어 좋았어."
그녀의 핏속에 퍼질러 앉은 바람꽃처럼
팔도강산 천방지축 하는 그것

잠 속에도 정성을 다해 들어와 있는
시상의 정취와 쾌락에 가까운 기쁨과 슬픔들

이것은 진정 청동 터널에 박힌
표독스런 문신인가 번개인가 담인가
눈물인가 가래인가
아니면 송가인가
도시 분간을 잡을 수 없다
천신이시여!
바라옵건대
이 육신 제수 삼아 곱게 흠향하옵시고
잘 익어 맛깔스러워
목 넘김 좋은

시 한 편
슬그머니 보시하소서!

종다리지치

청색 보라 연보라의

앙상블

처연한 듯 강인한

또렷한 이목구비에

덧씌워진 대여된 이름

군소 집단의

왕자나 공주는

언제쯤

강강술래를

절벽 위에서 헤드뱅잉을

 무슨 사연 있길래 삼단 같은 머리채 풀어헤치고 시일야방성대곡하는 저 여인의 하소연이나 들어보자 드센 바람쯤이야 한 방에 묵살시키는 떡대 좋은 현무암이 주름잡고 사는 제주 앞바다 깎아지른 벼랑바위에는 아가미에 젖꼭지에 배꼽에 개암만 한 구멍들을 달고서 하루 종일 웅 웅 웅 괴상한 소릴 지르며 뒤집히고 소용돌이치다 물어뜯고 메다꽂다 다시 또 들끓어 오르는 살벌한 성정은 눈물겨운 신종 격투기나 레슬링을 합친 동작처럼 반복되고 송곳 이빨과 삼지창 다리로 야무진 철갑 군장 꾸려 일직선형으로 돌진하다 십자형으로 전진과 후퇴를 번갈아 하며 허공으로 물보라를 피워 올린다

 깊은 바닷속을 왕방울만 한 눈으로 지켜보던 키르티무카는 예의 그 유머감각을 버리지 못하고 이선균 목소리로 빙의하여 "세종대왕님도 다이이트흐 실 때는 곤잘 헤드뱅잉으로 살을 뺐다네요." 그의 육체는 참혹하지만 정기는 아직 살아 있어 영광의 얼굴이란 이름으로 바다 초입에 특채되어

상시 근무를 한다 바위섬이 애끓도록 우릴 부를 땐 해거름 절벽 위로 헐떡이며 넘어가던 이내 속이 홀랑 뒤집어져서 벼랑을 들이받고 토하고 싸고 하는 곽란이 조금 진정된 뒤엔 겉껍질이 약간 으깨어져 오줌 잘금거리는 마합의 아랫도리를 가만가만 쓰다듬어 주는데 소름처럼 인정은 되살아나 죽음의 질곡으로 나자빠지지 않고 정신차리고 잘살아 보자면서 서로서로 격려를 아끼지 않는다

  고요한 물빛이 항로를 찾아주면 몇 번 휘청거리다 표류하던 갈매기 떼들이 도도한 횡단으로 자존심을 회복하여 도톰한 꽁지깃 들까불고 꾸벅 절을 하는데 그래그래 즐거운 유랑에 행운 있기를 자 이제 음악을 틀어줄 게 음정 박자 무시하고 신나고 격렬하게 몸을 흔들자 이 생각 저 생각 묻어두고 그냥 리듬에 몸을 맡기란 소리다 불의 지청구와 물의 심판은 순순히 받아들이고 멋모르고 나갔다가 개죽음당하는 로드킬만은 제발 삼가자

  하늘거리는 실크옷 해 입고 섹시하게 춤을 추는 저 화냥

기를 누구인들 말릴 수 있겠는가 철이 들면 분명 괜찮아질 테니 이냥저냥 냅 두자 저 허랑허랑한 춤사위는 음전한 사람 눈에는 재난처럼 보이지만 절벽에 뿌리박고 아찔하게 머리 흔들다 목뼈라도 삐끗하면 도리 있다 푹 고아 갈빗살로 뜯어야지 이왕지사 어렵게 시작한 일 죽어도 좋다는 각오로 신나고 격렬하게 춤을 추자

  삶이 죽음을 거덜내고 다시 태어나는 그런 곳으로 가서 몸도 마음도 갈증 나지 않는 감로수 양껏 마시고 거지 같은 과거와 소금 뿌린 현재를 깡그리 잊어버리고 올곧은 미래나 표절해 보자 그래도 두려운 멸절의 환난을 헤치고 간헐적 희망이나마 기대하면서 나는야 또다시 허공을 향하여 피루엣 포 상처엔 더께가 앉고 흉터엔 새살 차오르고 옹이가 꽃물 퍼 올려 극채색 꽃으로 피어날 그날까지 절벽 위에서 미치도록 신나게 헤드뱅잉을 즐겨나 보자

마실

통새우 구이 되어

허리 오그린 황혼이 저물더니

까슬한 먹오딧빛 한밤의 장엄한 오체투지

아침햇살 싸라기 동녘을

기어오를까 말까를 망설이는데

성질 퀭한 솔바람 소리에

정신이 번쩍 든 모시 잎들은

허옇고 말긋한 배때기를

뒤집어보다가 파닥거려도 보면서

퉁기쳐나가고 싶은 마음 다잡고

아랫입술 깨물면서

엣지있는 웃음 웃어 보인다

이로써 제 할 일 다 한

아침이 임플란트한 이빨

사운거리며 마실을 간다

개발선인장

  럭키라는 이름을 가진 반려견이 헬레레 헛바닥을 내밀고 그렇다고 침은 뚝뚝 흘리지는 않고 촐랑촐랑 주인 발걸음 따라가는 소리 들리는 꽃이다

  선인장 꽃이라고 함은 귀하기도 하지만 간간이 좀 처량맞은 꽃을 피우는 게 통례인데 이 아이는 번식력이 어마어마하여 내가 그리도 좋아하는 새빨간 옷에 연보랏빛 우산을 쓰고 여기 툭 저기 툭툭 마구마구 꽃망울을 밀어 올린다

  연발탄으로 쏘아대는 봉오리도 아름답지만 꽃대가 터질 땐 투 앤드 쓰리까지 겹겹이 대가리를 드미니까 어찌 보면 샴쌍둥이 같기도 하고 보고 또 봐도 찰진 매력을 발산한다

  매력에 함몰되어 잠시 넋을 저당잡히노라면 오래진에 잇었던 사랑놀음의 그 사람 해맑은 눈동자 아래 위 6 대 4 비율의 고혹적인 입술이 내 가슴속 잉걸불로 되살아난다

오이지

여름 한 철 줄줄이 염장질로
신세 조졌다

보통은
부모가 몸을 팔아 자식을 살리는데

이건 역순으로
자식된 자로서 몸 돌보지 아니하고
부모를 봉양한다

송송송 썰어 찬물 자박자박

치아가 부실한 엄마
밥을 말아
"아이고 시원해라
그리고 사랑한데이."

호프집

<u>으프 오으프</u>
물속에서 헤엄치듯

엇각으로 내지르는

숨결 속엔

어머니의
거역할 수 없는
목소리 숨어 있다

"술 적당히 먹고
집에 일찍 들어가라."

"어머니!
왜 나를 낳으셨나요?"

칠월

더위가 팥빙수의 아구창에 몰래
단팥을 밀어 넣다가 배탈이 난다

더위는 멀미에 설사까지 했지만
수박은 자꾸 검은 이빨만 튕긴다

오이는 접 단위로 시집을 가고
코다리는 코에 엮여 장가를 간다

샤인머스켓

억겁의 세월 속에 유리걸식하며 떠돌다
달 찜에 입맛이 질리면 청태 낀 별 회쳐먹고

병들어 죽어가는 여우 아가리에
남은 음식 보시했더니
물구나무서던 여우가 깨금발로 둔갑하여
열매의 탄생을 알려주네요

태양이 수없는 선팅으로 호박색 근육 자랑할 때
고사리는 갈빛 하이힐 신고
둥근 아이 아부시고 돌아오네요
아, 유리알 동공이 하 시려설랑
박물장수 보따리도 놓칠 것 같아요

네, 여적 그런 과일 처음 보네요
네, 하냥 섭섭지 않은 절정의 시간 즐기고 있네요

그레이 누나 할매

 팝송 유 아 마이 선샤인 마이 온리 선샤인을 좋아하고 달덩이처럼 복스러운 붉은 장미를 흠모하는 그레이 누나 할매는 회색을 싫어하는데 되풀이되는 일상이 북 치고 장구 치고 청국장 끓여 먹고 고동 잡아 삶아 먹고 은근슬쩍 순간을 에둘러 밀어내는 지루하기만 한 삶의 파도 위에 격렬한 서퍼로 뛰어들었다

 봄 오고 여름 가고 가을 오고 겨울이 지나는 동안 마음과 몸을 교란시키는 근심이나 날 선 분노는 오로지 갈애를 통해 빠져나가게 하고 지나가는 시간의 시스템에 의지하여 어제의 해는 오늘 새롭게 떠올리고 위기도 기회도 사랑도 죽음도 끝까지 안달복달 저 인망 그물로 다시 걸러 통과시킨 후 지금까지 용감하게 잘 살아왔다

 친구들이 다달이 부은 적금 타서 단체로 몸뻬 맞춰 입고 해외여행 갈 때도 NO를 고집하는 자칭 애국자인 그녀는 다

이소에서 구입한 천 원짜리 향수에 만면의 미소 지으며 팔 중심부와 귓불에 부지런히 찍어 바르고 겨울에는 호빵을 여름에는 막대 아이스크림을 즐기고 임플란트 두 대의 보조금을 지불해 준 자기 나라에 고마워하며 대한민국 국적을 자랑스러워한다

 젊은 날 쪼그려 앉아 무한 걸레질과 서너 번씩 함지통에 헹구던 빨래 땜시롱 무르팍에 송송 바람이 들어 한의원에 침 맞으러 가는 날이 많은데 침과 약으로 치료해 주고 이천사백 원만 받는 의료보험 액수에 또 한 번 가슴 쓸어내리며 살아생전 마음밭에 뿌리내린 고마움과 감사의 잔가지가 칡넝쿨처럼 싱싱하게 뻗어나가길 소망 내지 축수 앤드 기원하며 살아간다

제비붓꽃의 노래

 색깔은 소담스러운데 팔자만은 미혼모를 닮아 초년 운이 조금 꼬인 제비붓꽃은 혹독한 산고를 이겨내고 옥동자를 얻어 고이 키웠는데 곧 초등학교 입학할 즈음이라 캄차카반도 해류 지나 원양어선 타고 나간 남편이 돈을 모아 곧 돌아온다니 그때가 되면 호적 정리도 말끔히 하고 아이 입학시킨 날 세 식구 모두 모여 자장면집 나들이 할 생각에

 따사로운 햇살과 산들바람 길손 삼아 강변에서 아이와 교대로 몽돌을 주워 물수제비뜨기 놀이가 한창이네요 떨림으로 그를 만났고 설렘으로 그를 기다렸고 감격으로 그를 맞이하는 청색과 연보라의 웃음꽃 하모니가 아주아주 싱그러워요

독종

바람은 철저한 방랑자

비행기도 방랑벽이 있다

비행기도 날고 바람도 날지만

비행기는 정해진 날짜에
돌아온다

그러나 바람은

한 번 날아가 버리면

반드시

돌아올 줄 모른다

악귀 같은 여름, 그래도

발랑 뒤집혔네요

아이도 어른도
연신 얼음 칸을 더듬고
니체가 살아왔음 섭섭해할
나체족을 닮아가네요

바깥은 불더미
집안은 한증막
선풍기는 24시간 풀가동
에어컨은 켜졌다 꺼졌다
에라이, 전기세가 배탈나겠어요

그래도 길가엔
데이지 악착같이 계모임 즐기고
도랑의 맑은 물은

몽돌 수초 피라미 떼 거느리고

디제잉이 한창인데

공중에는 소독약 투하

헬리콥터가 빙빙 맴을 돌며

빠진 박자 맞추어주네요

그래도 평화롭네요

그래도 싱그럽네요

폐교에

어스름 달빛 내려올 때

튼실한 그네 줄 꼭 붙들고

뒷다리 오금에 힘을 모아

휘얼훨 날아오르는 그네를 다졌어요

청산 초목 찾아가는 나비처럼

이 봄날에

창문 밖에는

백목련이 하얀 붕대 감고

퇴원 날짜를 기다리고

알맞은 조도의 햇살이

그녀 볼을 따스하게 애무하자

그 옆의 패랭이꽃은

웃어보라면서

그녀의 옆구리를 계속 간질이는데

딸기, 자몽, 키위들은 알알이 영글어서

마지막 정염의 환희가

벅차오를 때 자신마저 어쩌지 못하고

'어서 나를 가져주세요'

통사정을 하네요

이런 류의 일을 위하여

각각의 뿌리들은 사투하며 악착같이

제 나름의 주인들을 지키고 있어요

봄꽃들의 볼륨이
점점 배우 소피아로렌 몸매 닮아갈 때
흐르는 강물 따라 시름없던 마음속엔
반짝이는 블랙유머 함께 즐기다가
6 대 4 비율 아래 위
두 입술 열어 서로의
침 나누어 가진 음영의 그 목소리

'니가 좋으면 나도 좋아'

내 마음속 자유롭게 유영하다
한 번씩 맺히던
수밀도 향 흥건한
그리운 얼굴

여름 그리고 나

쥐새끼처럼

숨어든

여름.

속절없이

땀범벅

타령인

나.

3부

흙

누구든 밟기만 하면
담보 잡히는 욕심꾸러기지만

무심천변 구르는
개똥과도 놀아주고
하회탈 같이 생긴 모습대로
각자 속을 다 드러내고 하소연해도
메아리로 입질 한 번 없을 터

지중해 넘어 샹그릴라 지나
얌전히 택지 조성된 마당가에

목숨줄 담보 잡아 피운
봉숭아, 다알리아
꽈리 꽃, 금잔화, 수국
맨드라미 꽃 자태 좀 보아!

빗방울은

그냥

홈통을 타고 흘러내리는

가느다란 절규로 똘똘 뭉쳐

천수답을 먹여 살리리

그냥

아청빛 바닷속으로 고꾸라져

목숨을 건 발걸음을

남기고 싶을 뿐이다

수직으로 떨어지는

얼굴엔 생명의 퍼덕거림 외

죽음의 공포 따윈 아예 없고

의연히 제 길을 찾아 나신다

슬픈 연인이여, 제발

희망의 아침에서 절망의 벼랑까지
오늘의 질문과 답변은
내 힘대로 투척하련다

외로운 그림자는 미망에 젖어 허물리고
근목은 수원지에 찰찰 녹아 일망타진
흙 속으로 출렁이는 약한 가교는
순간에 끼어드는 사상을 잉태하고
예리한 바람은 수심 깊은 속 내력을 훑는다

이쯤에서 도도하게 울컥이는
나의 발언을 내가 수송할래
귀머거리는 아니지만 내 슬픈 연인이여

서슬 푸른 탱자나무 울타리
보초 서던 붕어 갯가로 돌아갈 때

죽순에 괴는 수정처럼 맑은 물방울이

오월이라 앙탈하네

아아 이대로 가다간 작은 꼬막이 크기도 전에

폭정 사나운 계절로 바뀌면 안 될 텐데

초현실주의

오, 내 마음속
시퍼러둥둥한 보리밭엔 함마소리 곡갱이질 요란하고

첨성대 창문턱에 거꾸로 매달린 별
동해바다 청각 깨우는 자장가 음률
누룩 밭 소독하는 가시광선의 폼
울며불며 빚쟁이 따라가던 송아지 발자국

어리바리한 내 문장의 쾌락이 부리는 기교
개방

좀처럼 땀샘은 막히지 않는다

어리석은 이데아여

감정이 극대화의

파노라마 속에서

치욕으로 변하고

결국은 봉인되는 입

침묵의 도가니는

어기여차

끓어오르고

결국

활자로 순명을 다 한

극한 직업 글쟁이

그러나

아름다운 치욕

시인

오빠, 심심해!

맹물이었다가

구정물이다가

뜨물 같은 나날 속에서도

구십을 향해 질주하는 그이와

팔십 고지 점령하고 여유 부리는 나

틈만 나면 심심해한다

새우젓 넣은 애호박 볶음

가지나물 푹 쪄서 무친 반찬

꼬리 커트 친 콩나물국에

밥 반 공기 말아 먹고

"오빠"

"왜 그래?"

"그냥"

외출에서 돌아온 그

대자로 드러누워

넷플릭스 영화 삼매경에 빠진 나

"빨리 나와 봐요"

최애 음식인 팥빙수

완전 틀니 장착한 그이는

인플란트 4개뿐인 나와는

먹는 속도가 비교 불가

포만감에 젖어든다 싶을 때쯤

"오빠"

"왜 그래?"

"그냥, 한 번 불러봤어."

새벽에 안방에서 거실로 나오니

코맹맹이 소리로 뒤척이는 그

감기나 폐렴으로 번지면 안 되지 싶어

그의 곁에 쌍화탕을 데워놓는다

세세만년 살아오는 동안

단물 쟁이기만 바라지는 않지만

눈물 콧물 쏙 빠지게

행복한 적 없었다손치더라도

젊은 여인들이 다투어 불러주는 호칭

이 나이 되도록

오빠, 오빠

부를 수 있게 해주어 좋았네

"오빠"

"왜 그래?"

"그냥, 한 번 불러봤어."

"오늘도 꽤 심심한가 봐."

폐병쟁이 아주매

늦은 가을 광채 속에서
물수제비 뜨는 아주매

고모 리 언저리 풀 싸대기가 잦은 발길질로 아파하고
몽돌 이마 꽉 쓰담쓰담 징그럽게 싫어하지만
도리 있나
언어 나부랭이 주워 모아 각혈하듯 또다시
물수제비 뜨는 아주매
안 그러면
허파에 숨이 차올라
살 수 없는 걸

ㄱ 아주매는
폐 속 깊이
푸른 가래 원고지 칸칸 박아둔
폐병쟁이 4기인 걸

폭염

입맛이 잃는가 보다

갖가지 음식이 무덤덤 맛대가리가 없다

폭염에 늘어지던 들판

반짝 여우비 지나가자

편두통이 조금 나았대나 어쨌대나

베란다 선반 위

찌들은 잡동사니

괜스레 끄집어내어 돌팔매질 몇 번에

갈아입은 티셔츠만 세 벌째

수은 함량이 많은 비는 함지박에 줄줄이 받아

폐사지로 쓸어버리듯 땀을 뺐더니

콩나물 김치 송송 썰어

쑨 죽도 제법 맛이 있나 몰라

무궁화

아무도 없다

아무도

봐 주지 않은

허허벌판

수줍은 웃음

분홍 남색
무리 지어 웃어주는

성질 좋은

우리나라 꽃

행복

오래 그리워하다 보고 싶어 하던 사람에게서
마음의 살을 베이거나 같은 신념으로 똘똘 뭉친
지지자가 매섭게 등을 돌릴 때
허공을 맴도는 정신세계는 충격을 이기지 못하고
삼심육계 줄행랑을 놓아버린다

그리하여
현대의 무서운 병 스트레스가 전격 난입을 시도하니
이 틈을 타 자중하던 침샘이 폭거의 칼을 휘두르며
뭔가가 또다시 먹고 싶은 욕망에 기름을 붓는 것이다

치르치르 미치르가 달려가고
구름이 자고 가고 천둥이 쉬어갔던 길
바람과 비와 눈발이 더운 오줌을 누고
해와 달과 별들이 술래잡기하던 길
손바닥이 탐스런 후박나무 곁에는

길 잃은 까막까치가 머릴 맞대고

벌레 사냥 작당 모의를 하고 있는데

설산 유토피아 산상봉엔

허기진 킬리만자로 표범이

파수꾼 되어 째진 눈 탐조등 삼아

행복의 깃발을 어느 누가 채 가나

위아래 상하좌우 부릅뜨고 지키고 있다

아 ~

나는 모르겠네

어떻게 행복을 찾을 것인지

지갑엔 쇠고기 한 근 살 돈이 모자란 듯하니

냉장고에 주무시는 멸치 딜어 육수내고

국수라도 삶아 자셔야겠다

그런데 고명은 뭘로 하지?

광복절

혼자 가지는 탐욕스런 고독은 싫어
함께 어울리는 화합의 장은 좋은 것이거든

그래서 함께 악을 쓰는 고함소리도 듣기 괜찮아
매미는 용케도 그것을 안다

한여름이 지난 늦여름
사위어가는 늦여름에도
줄기차게 떼를 지어 장단 맞춰가며

고래고래
고막을 강타하는 함성, 피맺힌 자기들의 요구를
한 번이나마 들어달라고
종횡무진
어렵사리
그래서 8월 15일이 탄생한 것이겠지

새초롬한 시요씨

유실물계 안에서 뭔가를 찾고 있을 때
하늘이 파도 물 끓이며 식물들을 데쳐내고
꼽사리 낀 초록별도 조근조근 재우고
강물이 피의 위성들을 공 굴려 들끓는 혈맥 속에서
갖가지 애장사리 물 채색을 휘젓는다
승리의 환호가 패배의 쓰라림으로 바뀐다 싶으면
쓰라린 허기가 또다시 풍요로운 참맛을 선사하기도 하고
달콤한 버찌로 얼얼한 생인손으로
갈라지고 터지고 혓바늘 돋고 붉어지고
푸르러지는 떼살이 생물들

화냥질인들 어떠리 비럭질인들 어떠리
패악질인들 어떠리

새초롬한 시요씨
아무쪼록 오늘도 나랑 놀아줘!

찰나를 살아야 해

 지독한 감기 몸살로 가루약을 거푸 먹고 잠이 들었다 고소공포증으로 귀가 아려 비행기를 못 타고 공황장애 비슷한 심인성으로 밤잠을 설친 일상은 깡그리 말살되었다

 깊은 늪에서 허우적거리다 무자비한 꾸준함에 애련한 장조를 곁들인 "님아, 그 물을 건너지 마오. 님은 기어코 물을 건너셨네. 물에 빠져 돌아가시니 가신 님을 어찌할꼬." 뱃사공 아내의 구슬픈 회한의 정서가 내장 꼬이듯 귓구멍을 박음질로 쟁쟁 수놓는 절절한 음률에 속박당하니 영원히 순간을 못 벗어날 것 같다

 함뿍 떠나버린 것과 댕강 잃어버린 것들은 어느 순간 더 영롱하게 빛이 나고 사무친다는 것과 한때 사랑했던 헛것들이 빛의 자격을 얻게 되면 울울창창 심도의 중심부에서 거드름을 피우고 매 순간 굴절의 아픔을 겪을 때마다 아름다운 현호색 격자무늬가 탄생됨을 알게 되었어

내가 잠들어 있던 동쪽 벽엔 총석정절경도가 그려져 있고 반대쪽엔 금강산만물초승경도가 그려져 있어 이 방이 순종 황제 집무실 겸 접견실이 아닌 게 분명한데 AI덕을 톡톡히 보는 군 꿈인 줄 알고 있었기에 공짜로 즐기니 행복하였지 물론 원본은 국립고궁박물관에 있는 모사도가 분명하지만

너무 깊숙한 고백은 피하기로 하자 환하고 빛날수록 깊숙이 찔릴 수 있어 반점과 피멍은 무더기로 생겨나고 풀빛 떠오르는 군중 속 휘황한 월계관은 이제는 원치 않아 내 못난 과거의 그림자에 영원히 끌려다닐 순 없어

이제라도 목구멍에 걸린 심연의 이야기는 풀어 놓아야 해 보고 듣고 만지고 먹고 사는 것처럼 살아야 해 각자의 패를 쥐고 분투했던 것들을 이제 내치서 깨부숴야만 새로운 것을 얻을 수 있어 여기서 벗어나지 못하면 말짱 도루묵 영원한 속박길이야 찰나를 살아 정말 찰나를 잘 살아보란 말이야

사랑

— 밀려왔다 몽땅 쓸려가는 파도, 왜?

그대!

비릿한 코맹맹이 소리하며 포근포근 순두부 떠먹던 수저 깍지 끼고 약속하길 '같은 날 같은 시각 같이 죽자' 하였지요 근데, 진펄에 참게 숨듯 흔적 없이 사라지네요

그 맹세 까뭉개고 제게서 가는 것을 막지 않은 죄로 막 쓸쓸하더니 지쳐 이젠 병이 들었어요 흐르는 눈물 싸래기로 이젠 눈가가 자주 짓무릅니다

쓸쓸은 하였지만 그래도 원망은 안 했어요 그러나 마음이 종잇장보다 더 허해서 마구 정처 없이 떠돌아다녔어요 먼 대륙이나 먼 지평선까지 파랑 치던 물결에 혼을 싣고 꿈을 쟁이고 마구마구 달려갔지요

썰물 끝에 기어가는 갯지렁이도 반갑고 밀물이 거대한 웅덩이 거느리고 내 사연 조각들을 무지몽매하게 말살시키는 것도 괜찮았어요 왜? 난 사랑에 책임질 줄 아는 용감하고 아

쌀한 성격이니까요

  그대 생각에 홀려 헤매다 보면 신화나 예감 같은 것에도 맹목적으로 쫓기게 되고 어떤 때는 덕을 쌓는다 싶어 라자스탄의 사리스카 숲속 새들의 웅장한 둥지 근처에서 켐벨 포도 여러 송이 받쳐 들고 새들과 기쁨의 장난질도 치고 왔지요

  밀려왔다 할퀴다 몽땅 쓸어가는 물결로 꿈의 해변가가 선사하는 꽃을 주워 모으니 솟구치는 기포가 알을 까네요 사랑이 무어냐 질문하다 사랑이 무엇이지? 의문을 품어봅니다 찐 사랑을 찾아 방황하다 끝없는 열정으로 청춘을 마감합니다

  그래도 바다는 풍성하고 부드러운 물결을 항시 선물해 주네요 진실한 사랑은 묵음의 밀물과 썰물로 조용조용 목젖까지 뜨겁게 차오르는 것

환희 놈을 키우라구요

육거리 중

삼거리 종점 돼지국밥집 명자 씨는

눈썹가로 끼룩끼룩 까마귀 떼가 모여든다 싶더니

요즘은 아예 천일염 알맞게 치고 꼴뚜기젓을 담근다

아이엠에프 지나 코로나 때도

설렁탕집 뱀탕집 대포집 치킨집들

난리 블루스를 출 때도

명자 씨 괴기집은 조상님이 돌봐주시고 명자 씨가

이름값 하느라고 명랑 상쾌한 것이

유식한 말로 캐터필더가 되어주어

승승장구 매출은 아니더라도 종업원 일보 다섯 정도는

항상 기록하며 그런대로 주가를 올렸지

노년기 접어들어 기억력이 감퇴되고

갑자기 우울증 증세가 나타난 명자 씨는

안 되겠다 싶어서 가게를 공무원으로 퇴직한

남편에게 맡겨두고 병 치료에 나섰겠다

물어물어 주부기억력 참피온 삼관왕인

〈김청자웃음치료소〉를 찾아갔겠다

시원한 올림머리에 쌈빡한 미모가 돋보이는 그 선생은

수십 명 아줌마들의 교주가 되어

강의실엔 선생이나 수강생이나

무아지경의 즐거운 늪으로 빠져들고 있었다

자 ~ 양손으로 무릎 두 번 짝 짝

두 손바닥

키스 키스 두 번 짝 짝

하늘 높이 두 팔 벌리고 브이 브이

버들가지 춤추듯 파도타기

한나, 두울, 세엣, 네엣

또다시 되풀이

웃음 폭죽 시간이 돌아왔어요

여러분!

웃기 싫어도 웃으세요

크게 소리 내어 웃고 나면

태산처럼 버티고 섰던 암 덩어리도

감쪽같이 사라진대요

웃으세요 하 하 하 방구 뽕뽕 호 호 호

무한 되풀이하고 나선

기다리던 간식 타임~

호이짜 호이짜!

아궁~ 예쁜 거

세상 밖으로 나간 책이 30권쯤 되고

연필 잡고 힘쓴 똥배 살 좀 올랐다 싶어

뽀뽀 두어 번 하면 반드시 결혼해야 하는

넷플릭스 영화 대자로 드러누워 보는

불경스런 나에게도 잠시 잠깐

귀하게 찾아주는 분이 있다

그분은 정갈하고 복스러운 것은 기본인데

가끔 옆길로 샐 때는 개구진 딴따라가 되기도 하고

토사 경련이 일 때는 잡놈이 되어 험한 말도 불사한다

그런들 어떠하리 저런들 어떠하리

삼십 년 가까이 그분의 기분을 살피는 중이니

그저 저도 감지덕지

심각하게 한 말씀 하셔도 고맙고

이냥저냥 스리슬쩍 혼잣말

지나가는 말소리 조심스레 받아적을 때는

고롭크롬 이뿌다니 아궁~ 예쁜 거

달님

　보부상의 딸로 태어나 여기저기 떠돌며 다리를 절룩이는 달은 하현달일 때 눈꺼풀 위에 옥토끼가 지린 구슬 똥 몇 점 올려놓고 킁킁 냄새 맡으면서 먼 길을 가고 있다

4부

와이브로wibo 수선센터

2006년 8월 10일은

휴대인터넷 종주국인 미국으로 삼성이 이동하면서

초고속 인터넷을 즐길 수 있는 기술을 수출한 날이지요

그 회사 사장은 골수

반대를 숙청하면서까지

먼저 시작하면 시장은 깝깝하지만

기술이나 특허는 찬란하다고 설파했지요

나도 이날

청바지 수선집을 개업했어요 잡스런

이 옷 저 옷 말고

유일한, 개성 있는, 오직 하나뿐인

청바지 전문 수선가게 말입니다

요즘은 시절이 좋아

누런 솜틀이 삐죽거리는 것도

회색, 말색, 초록, 빨강, 노랑

각종 줄무늬 천막색도 들어오네요

그래도 돈이 되는 것은

빵구 나서 너덜거리는

명품 청바지

와이브로 기술로

인모 이식하듯

정교하게 고쳐 보내면

전국에서 카톡 행진

와이브로 와이브로 입에 착착

달라붙는 신기술이 날 먹여 살려요

사패산 회룡사

갓 칠한 대문 같은 인플란트 이빨 사이사이
이쑤시개 바람의 손길 지나 사패, 부드러운 속살 빨며
흐르는 계곡의 물소리는 이악스레 울어대는 달인
쓰르라미 훈도하던 사부님 품인 듯도 하고

오층 석탑 지대석 기단
양각의 연꽃무늬는 그림자 기사 자처하며
한련화, 정열과 고즈넉 이중주 매혹
선사하기에 주저함 없다

여기가 이승인가 저기가 저승인가

삶의 계율이 빡빡한가 헐렁한가
어리버리한가 아니면 무념무상

잠시 잠깐의 정지 속 지나가는 세리프,

모체로 회귀하면 이 느낌 들까

말이 되지 않는다 해도

순하게 헤아려 보는

시간 짬은 열락의 도가니

바쇼가 그랬지

내 앞에 서 있는 사람들

저마다 저만 안 죽는다는 얼굴을 하네-

의정부 거주 23년째

길을 가도 누군가 눈 맞출 이 없는

소도시의 그레이 누나 할매로

폭삭 익어감이 다행스럽다

사패산 회룡사 드나드는 길은

영겁의 디스코팡팡 바이킹 놀이기구 탄듯

왜 이러는지 몰라

손톱이파리 나풀거릴 때

빨, 보, 남, 분, 파랑으로 물색 칠하고

살 안찌게 해준다는 바나듐뽁쌀로 밥을 지어

반의반 공기 물 말아 먹고

뱃구레 헛헛하다 싶으면 냉장고에 든 누크바

집중 케어하는 놈 순삭으로 죽여 버린다

혹자는 사추기에 겪는 증세다

우울, 불안의 전조증세다

지랄맞은 식욕, 함양 미달인 인격 때문이라 조언하지만

2025년 여름 날씨처럼 악귀 같은 성질

도저히 예측할 재주 없어 몸과 마음이 요동치는

낭패질이 곤혹스러울 뿐이다

나, 젊을 땐 상냥했었다

야, 젊을 때 상냥하지 않은 사람 어디 있어?

나, 젊을 땐 봐줄 만 했었다

야, 젊을 때 미남 미녀 아닌 사람 어디 있니?

나도 직장생활 5년 할 때 히야까시도 무던히 받아주고

남자직원 재떨이도 단골로 부셔주어

모범 사원으로 명망이 높았거든

지금 그레이 누나 할매 되었어도 그런 찐 정신이 필요해

근데 내가 왜 이러는지 몰라

자조, 한탄 되풀이 자조, 한탄?

개에게나 주어버려

고양이에게나 주어버려

그렇게 건들건들 걷지 말고

살랑바람 몽혼주사 한 대 맞고

허리 꼿꼿이 세우고 똑바로 걸어보란 말야

아랏차차 암탉이 기합을 넣을 때

 모이를 쪼던 암탉이 엉거주춤 엉덩이를 낮추었습니다 팽그르르 쉴 새 없이 눈알을 굴리는 품새가 예사롭지 않았습니다 숨을 죽이고 가만히 들여다보니 닭이 힘을 줄 때마다 항문이 조금씩 벌어졌습니다 넓어진 구멍 사이로 상아빛 계란이 얼굴을 갸웃 내밀다가 금세 들어가 버렸습니다 닭은 다시 호흡을 가다듬더니 까칠한 혓바닥을 길게 뽑으면서 아랏차차 기합 소리 한 번 크게 질렀습니다 대가리에 붉은 볏도 빳빳이 일어서면서 진통을 도왔습니다 아무런 일도 할 수 없었던 나는 두 손바닥을 닭의 항문가에 대고 기다리고만 있었습니다 순간 양수 묻은 달걀이 미끈둥하며 손바닥이 이불인 양 벌렁 드러누워 버렸습니다 촉촉한 알을 감싸 쥐고 급히 닭장 문을 나서는데 동그란 갈색 눈가에 그렁그렁 눈물 매달고 암탉은 제 새끼를 물끄러미 배웅하고 있었습니다

배꽃

봇도랑의 이끼 위로

아금받게 헤엄쳐오는

실지렁이 같은 그리움

알통 오진 쪽파

넓적다리 속으로 스리살짝 숨어들 때

흰 이빨 가지런한 열아홉 살 순이

뽀송거리는 솜털마저 자랑인 양

까르륵까르륵 잘도 웃더라

가지빛 상처 고갱이 위로

쌉싸름한 입맛 차오르면

나도야 갈래

황사 바람 따라 무작정 갈래

짜리몽땅한 치맛단 여미면서

영락없이

길 떠날 차비를 하는

나비장롱

　내 어릴 적 우리 할머니 성질 대단하셨다 할머니 시집올 때 갖고 와 애지중지하던 3층 나비장롱 광을 내다 실수로 나비장식 하나를 빼먹은 엄마 청상의 한이 맺혀 더부룩하던 할머니 속 홀랑 뒤집어놓고 말았지 늘씬하게 매 맞고 쫓겨난 엄마 보채는 동생을 업고 여름밤 어둠 속에 가뭇없이 잠겨 버렸다 애 터지게 기다리던 아버지 소식은 없고 홑이불 뒤집어쓰고 끙끙 앓았다 그때 마침 지나가던 생각의 촉 하나 열 살배기 잔꾀가 절절했었지

　도둑고양이가 되어 분합으로 다가갔다 자물린 놋수저를 뽑고 문을 연 후 그림자를 이고 버정이던 엄마를 손사래와 고갯짓으로 불러들였다 짐짓 자는 체하자니 심장은 저 혼자서 콩닥콩닥 널을 뛰었지 금세 입 크게 벌리고 잠이 든 난 난데없이 불벼락을 맞게 되었다 의뭉스럽기 짝이 없는 년 귀싸대기 감싸 쥐고 용수철처럼 튀어 오르던 나 두 볼은 찐빵처럼 부풀어 올랐지 그러저러한 일 후 할머니는 임종을

하셨다 상여가 나간 후 낭자하게 곡하던 엄마는 마른 걸레를 찾더니 갸우뚱한 나비장식에 풀린 동공을 얹으면서 자꾸만 닦고 닦았다 농이 자르르 빛나도록 요요한데도 해동갑하였다

누렁이

 담장 옆 개오동 꽃 진 자리께로 밀잠자리 날아들고요 햇살이 마당 안에 활개치고 있었습니다 아랫마을 삽사리와 정분을 나누고 와 늦잠이 들었던 누렁이도 부스스 몸을 일으킵니다 마침 그때 네 살배기 석이가 아장아장 걸어오더니 쪼그리고 앉아 똥을 누기 시작합니다 끙 하고 힘을 줄 때마다 먹감 같은 불알이 쪼글쪼글 탱탱해집니다 별안간 식욕이 동한 누렁이 김이 나는 똥 무덤에 길쯤한 주둥이를 들이댑니다 그런데 아뿔싸 그만 실수로 아기 불알을 물어버리고 말았습니다 드세어진 아이 울음이 삽짝을 넘어가자 누렁이는 다급해졌습니다 아무래도 집주인의 발길질이 켕겼기 때문이겠지요 "그러기에 먹을 것 못 먹을 것은 가리셔야지" 줄행랑치는 개 이마팍에다 종주먹을 지르며 하늘이 구시렁거렸습니다

금잔화

   전장이었다 투구를 쓰고 병사는 출전하였다 태양을 삼킨 힘으로 황금을 지닌 배포로 싸움에 임하였다 한동안 밀고 밀리다가 젖 먹던 힘을 짜 모으는 순간 숨겨진 샛길이 눈에 들어왔다 그 길로 오막살이집을 찾아들 때쯤엔 여지껏 투구가 버겁기만 하던 몸뚱이가 하르르 떨리고 있었다

구애求愛

　모지라진 섬돌 가에 흩어진 쌀 뉘 쪼으려고 레그혼 한 패거리가 모여들었습니다 입덧 난 암탉은 허겁지겁 모이를 쪼아 먹고 있었습니다 뱃속에 올망졸망 병아리를 달고 있자니 연일 입맛이 당기어 게걸스러워졌습니다 마침 도드라진 볏을 뽐내며 수탉이 나타났습니다 수탉은 암탉의 속 형편을 가리지 않고 암탉의 허벅지를 갈퀴진 발톱으로 쿡쿡 찌르기 시작합니다 먹거리에 정신을 빼앗긴 암탉은 시큰둥해하며 눈길을 주지 않았습니다 금세 무안해진 수탉은 얼굴에 버얼겋게 핏대가 올랐습니다 수탉은 다시 한번 뒷걸음질 치며 벼름질을 하는 척하다가 곤추세운 암탉의 엉덩이께로 제 궁둥이를 지지릅니다 탄력 있게 힘을 주어 서너 번 맴을 돌듯 부드럽게 네댓 번 그래도 별 반응이 없자 볏이 시들어가던 수탉 호동그란 눈동자에 응석을 실어 보내다가 설핏 마주친 암탉의 시선을 고스란히 낚아채고 말았습니다 수탉의 속내도 나 몰라라 할 수 없는 암탉의 차지이고 보니 마음이 일순 여릿해졌습니다 도르르 눈알 굴리며 잠시 생각에 잠기던 암탉 결심한 듯 앞장서서 헛간으로 들어갑니다 수굿해 있던 수탉이 월계관처럼 볏을 세우며 뒤미처 아슬랑아슬랑 따라갑니다 햇빛 다냥한 대낮에 또 하나의 신선한 역사가 태동하려나 봅니다

난초

　내 전생은 누렁이였다오 주인과 티격태격 마찰도 없이 어쩌다 옆구리 걷어차일리도 없는 순탄한 生 복병으로 맞닥뜨린 초, 중, 말복의 게릴라성 폭염만 없었더라면 땅 짚고 헤엄칠 영구불변이었을 삶 그 여름엔 선홍빛 혀란 혀는 다 빼물고 감로수 몇 방울 구걸하며 헉헉거리는 불쌍한 최고조의 동정심 유발이 관건인 참 아슬아슬한 나날들이었지요

　남풍에 흔들리다 고즈넉한 그림자 안고 이승의 옷섶으로 빠져나온 그녀 경대 서랍 밑에 꼭꼭 감춰둔 동백기름 얼레빗마저 꺼내 빗은 머릿결 바르르 떨리는 족두리 쓰고 꼬마둥이 구름 서넛 남모르게 키운 후에 즉석 빗방울 타래까지 만들어 적삼 아래 비칠 듯 말 듯한 속살 위로 도르레미 태우는
　그 음전한 달무리 빛 환생!

숨

 남이 알아주건 말건 스스로 매혹의 불티가 되어 DDT 몸에 뿌리고 이 잡듯 하는 나지만 이를테면 혁이나 웅이 또는 빈이나 향이 같은 외자 이름을 갖고 싶었더랬지요 누렁호박 잘 익듯 말년에 재수가 좋아 간신히 개명에 성공하였어요 숨이라고 어제는 골고다 언덕에서 재미로 공중제비 몇 번 돌았더니 숨이 찼어요 오늘은 경전의 마지막 장 끝 구절 쉼표에 달라붙어 먹고 자고 자고 먹고 하다가 지금까지 악착같이 달라붙어 있습니다

 간절기엔 수수꽃다리 그늘에 앉아 제비꽃과 농담 따먹기 하다가 흑요석이 되고픈 개똥이 그런대로 예쁘게 생기지 않았냐며 어깃장질하는 통에 실버 완장 두른 할머니 등짝에서 미끄럼을 타나 머릴 식히고 있어요 저도 일만 하나요 놀기도 하고 쉬기도 해서 체력의 안배에 신경을 써야겠지요

 제 성격이 집중력은 좋은데 돌발성 충동이 문제라서 허공

아저씨와 키재기를 한다든지 슬픈 사람이 떠나는 사람에게 바톤 넘길 때 오지랖 넓게 주지 마 주지 마 말리려드는 끝 간 데 없는 참견이라든지 남몰래 소원을 빌면 금세 얼굴이 빨개지는 심박 장애 같은 것은 영원한 고질병이 될 것 같아요

 건달의 문신한 닭살에 젖 빠는 아가의 콧등에 바리깡 들고 벌초하는 바람에 강물 바다 댐 당 방죽 지당 어딘들 끼어들어 한 생애를 탕진하는 제 고집만은 대우주적이랍니다 거대한 나의 존재가 문제가 될 터인데 사람들이 워낙 알아주질 않으니까 되려 전 팔딱팔딱 뛰게 좋은 걸요

 나 혼자 인정하고 알아주는 알짜배기 인생 그래서 나는 나라는 존재가 정말이지 좋아요 이리저리 부대끼다 보니 무엇이 행복이고 무엇이 불행인지 이제는 알 것 같은데 심상은 절대 동요가 없고 내가 모르는 곳에서도 능력만은 잠시도 쉬지 않고 일을 하여 창자 울리불리 꼬인 지구의 끝까지 맥박

이란 맥박은 요란한 호흡으로 파동 치게 할 결심을 한답니다

   소금밭을 팔딱거리며 걷는 갈매기의 발바닥에도 잠시 잠깐의 염원이 낙인찍히듯이 때론 선행의 밑그림이 되기도 하고 내면을 착실히 지키는 수문장이 되어 절대 부패하지 않는 생피를 비축하고 지구 외의 행성 어느 곳이라도 이 숨이 필요하다면 싱싱하고 날씬한 레트로트 몸매로 달려갈래요

어떤 부부

 달디단 햇살이 부끄러운 줄도 모르고 늘어진 젖통을 꺼내 비루먹은 강아지에게 실컷 젖을 먹여줄 때 외진 곳에서 땀을 뻘뻘 흘리며 무거운 돌을 이고 섰던 고인돌 하나가 귓속말보다는 조금 큰 목소리로 "이봐요, 나랑 사귈래요?" "생각 좀 해 보고요." 먼저 말을 건 암돌은 마음속으로 "비싸게 굴기는…." 사흘 후에 수돌이 말했어요 "지금 밥 먹고 살 처지가 못 되니까 조금 더 생각해 봅시다." 암돌은 입을 비죽거리며 "밥 아니고 이끼만 먹어도 괜찮으니까 합치면 안 될까요?"

 그날 이후 그들은 시간의 포로로 잡힌 인질처럼 선잠이나 쪽잠을 자면서도 맹렬히 일을 하고 한 달에 두어 번 노을이 핏빛으로 물들어 서쪽 하늘로 넘어갈 때쯤 겨우 만나 피멍 든 손을 서로 어루만지며 가난에 굴복할 수 없는 의지를 되새기고 또 되새겼지요 어둑발을 몰고 온 삶이 투레질을 심하게 하여도 온몸으로 맞닥뜨려 견뎌낸 시간 후엔 둘이서만 노니는 애지중지는 모나크 나비의 오렌지빛 날개에서

찬란한 비늘가루 쏟아질 때까지 계속되면서 말이지요

 폭풍 해일 후 계속된 장마로 그루터기에는 뿌리 뽑힌 나무둥치가 즐비하고 엄청난 굉음과 함께 불어난 물벼락이 집을 덮쳤지만 그들 사랑의 질주는 너무나 간절하여 서로서로 위로와 돌진으로 갈망을 극복하였어요 길이 끝난 자리에 서 있던 두 개의 고인돌이었지만 아무도 간섭할 수도 발 디딜 수 없는 고요함 속에서 서러운 은애함으로 따뜻한 보금자리를 그들만의 성지聖地로 만들고야 말았습니다

심장아, 제발 나대어다오

 죽음이 파리한 볼펜 한 자루 귀에 꽂고 영감 찾아 헤매다가 문득 삶에게 안부를 전할 때가 있다 토하고 싸고 골멍 때리다가 허리에 담이 붙었다 질펀하게 누워있다 내가 좋아하는 수박 그림을 그린 프리다 칼로는 평생의 반을 드러누워서 그린 그림으로 세계 화단에 우뚝 섰지 싶어 신문을 열자 백발의 서퍼가 현란한 물보라와 열애하는 장면에 심장이 날카롭게 쫄깃거린다

 드라마 〈동이〉를 엄마로 가진 조선 21대 왕 영조도 어머니의 강건한 체력을 물려받았지만 소식과 채소류 위주로 섭식을 하는 등 일상의 관리를 엄격히 하여 재위기간 52년 동안 쏠쏠한 업적을 남기고 81세까지 장수하였다

 현존하는 철학교수 출신의 김형석님도 건장한 절친이던 철학 교수 안병욱님, 김태길님과 테니스를 즐기며 우정을 나누다 먼저들 보내고도 좀 왜소해 보이는 자신의 체격으로

『백 년의 지혜』라는 책을 출간하고 항상 이루고 싶은 목표를 정해 놓고 도전정신으로 공부하고 노력하여 105세로 이 시대의 롤모델이 되고 있다

  남녀노소를 가리지 않고 좋은 만남이란 마음을 여는 지름길이기에 허름한 날들을 온몸으로 견디는 이유는 겸허와 용서라는 보석을 만나 쌍두마차에 탑승하고픈 내밀한 욕망이 마음의 빚으로 남아 찬란한 빛으로 돌아오는 윤회의 기착지에서 내 심장이 승리의 바톤인 양 벌떡벌떡 나대기를 소망해 본다

복실이

새하얀 얼굴에

입가에 애교점이 매력인

복실이는

첫배에 아들 딸 일곱을 낳아

연천 김포 서울 양주로

입양을 보내었다

원래 까불고 깨방정 떨던

그녀는 끼니도 거르면서

파리해진 얼굴로

담벼락 타고 올라가던

덩굴박주가리 새끼발가락을

자주 물어뜯다 흐느끼다 하였다

어젯밤 꿈속에서

아들 딸 옹기종기 품 안에 끌어안고

젖을 빨리고 털을 골라줄 때는

그렇게 달콤하고 맛있는

순간의 꿈이었을 테지

잘나면 잘난 대로

못나면 못난 대로

어울렁더울렁 얽혀 사는 것이

세상 이치이고 도리인 것을

왜 눈물 패대기치면서까지

이별을 선택해야 하나

아이들을 보낼 때만 해도

그런 슬픔이

엄마의 목을 매는 치욕이란 걸

죽고 싶을 만큼 아픈 서러움이란 걸

그때는 정말로 몰랐었지

페티큐어한 물

 오오! 노랑나비 허리춤에 고여 있는 한 방울 물이여 페디큐어한 너의 발가락은 참으로 시려 보이는구나 언젠가 너는 사라지겠지만 이제는 단 하루도 너 없인 살 수 없는 것이 세상 이치일진대 불로장생을 희원하는 내 소망을 여지껏 불평 없이 들어줘서 정말 고마워

 언젠가 네가 그랬지 제비꽃과 함께 희망이란 아이 하나 키워 보라고

 물의 정원에서 물 숲이 불콰하니 한 잔 먹고 기분이 좋을 때 하이타이 가루 한 줌 집어넣고 쪼그리고 앉아 함지박에 때 절은 빨랫감들을 비벼댔었지 너의 청량한 몸으로 네 번 헹구고 나면 시퍼러둥둥하던 분노도 피투성이 오기도 탁류 속에 녹아내리고 새물내 나는 빨랫감들은 신비한 형광색으로 빛이 났었지

 입술 터진 빨랫줄엔 이불 한 벌 걸리고 모본단 방석 커버

도 널리고 야한 원피와 탄력 있는 드로즈와 양말짝이 함께 널려 이글거리는 태양 아래 체적을 줄이고 있었지 흐린 물안개나 구름 속에서도 네가 들어 있고 바람 속에서도 물비늘 까칠하게 곤추세워 이기와 굴종을 경고했었지 그래그래 안다 알아 타클라마칸 사막의 낙타에겐 자네가 종주이며 신봉자 아니더냐

 수줍은 모습으로 연이의 찻잔 속으로 들어가 그 낭군의 순정한 체취가 되어 정취 있는 한 잔의 차로 돌변하여 사랑을 완성시킨 위력엔 영원히 함구하련다 적막을 무기로 고요를 실신시키고 슬픔을 기쁨으로 치환시키는 재주는 거센 물살 헤치고 차오르는 물고기의 살신성인도 직접 모범으로 보였을 테고 혹여 배경이 비천하다 자조하는 이를 만나거든 파랑 치는 파도너울로 삶의 자갈밭 사이사이 피 곤죽이 된 상처 너의 한없이 부드럽고 리드미컬한 살결로 만지고 쓰다듬어 치유해 다오

물의 르네상스

 오늘도 웅혼한 대지의 함성을 한 큐에 묵살하고 흐르는 물길은 와사등을 깨워 제 그림자 위에 토핑 삼고 두 배수의 개체수로 삐까번쩍 늘린 후 적이 안심을 하고 조상 대대로 물려받은 각자의 구역에서 제 본성인 섬김과 무사불패의 신화가 부끄럽지 않도록 공중받은 행군으로 무리를 장악하고 누구에게나 환영과 환송의 이중구조를 균등하게 적용시킴으로써 존재 가치를 한껏 드높이고 있다

 하늘 정원에 희번덕이는 잔 콩 같은 별무리는 식구들 잠들기를 기다린 자매가 조심조심 우물 두레박을 퍼 올려서 생리혈 서답을 빨고 있는 모습을 '쟤네들 벌써 저렇게 다 자랐네' 기특하고 대견해한다 순수한 물은 촉감이 없다 물은 파렴치하다 물의 돌쩌귀는 모가 나 있다 등의 물에 대한 소문은 거의 다 출처가 불분명한 거짓말 일색이고 그냥 깜냥껏 지루하지 않은 곡예로 세상사를 통달할 뿐이다

새벽녘 돌계단을 내려온 길고양이가 일순 허기가 져서 물비늘에 비친 제 카이젤수염을 보고 비명을 지르는 현장이 어느 꺼벙한 문장가가 문인대회 상금 타게 해달라고 비손하던 곳일 줄이야 깨어지고 파손되는 부분만 조심한다면 세상사 잡일까지 시시콜콜 도맡아하는 지금이 그들의 르네상스가 아닐까 싶다

고백 아닌 고백

  반 문어 헤어스타일에 아귀 입매 닮은 아랫배는 둥실거리고 007가방 든 어깨가 구십도 미만 각도로 절로 수그러지지만

  나라에서 100세 장수 선물 받을 날 얼마 남지 않아도 도시락 들고 출근하는 그에게 아내는 90도 각도로 절을 합니다 "안전운행하시고 무사히 다녀오세요."

  사나이 자존심 지키는 스타카토 걸음걸이는 아직까진 자기의 심장이 발해 전사처럼 홍조로 들까부는데 일조했다고 고백 아닌 고백을 하네요

| 에필로그 |

 남에게 밉보이지 않는 일을 꾸준하게 하다보면 나름대로 결실이 있나 봅니다. 저는 삼십 대에 아이 셋에 열두 식구가 16평 단독주택에서 살았지요. 그나마 남편이 지방으로 출장을 오래 가 있는 직업이라 아이들이 자는 시간을 이용하여 책 대여점에 아예 이름을 올려놓고, 틈틈이 책을 빌려 읽기 시작하였습니다. 지금 쓰고 있는 글의 모태가 그 출발 선상에 있었던 거지요. 그러나 짝사랑처럼 그렇게 원하던 책 읽기를, 지금은 많이 등한시하는 것이, 방방마다 책꽂이를 설치해 작은 도서관처럼 꾸며 놓고선, 책을 사서 읽고는 두 번 보는 책이 거의 없이 대부분 쌩까고 있어요. 개구리가 올챙이 적 생각을 당연히 안 하는 겁니다. 그래도 꿋꿋이 지키는 나만의 원칙은 있답니다.
 세종대왕이 그렇게 좋아하셨다는 생생지락.
 저는 현재 84세인 남편과 함께 살기 위해서 밥하고, 빨래하고, 청소하는 일 외엔 거의 나머지 시간은 전적으로 글 쓰는 일을 상상하며, 기뻐하며, 아주 즐거운 마음으로 살아갑니다. 몸이 깃털처럼 가볍고 영혼이 아름다웠던 젊었을 땐 몰랐지요. 시간이 흐른다는 것이 이렇게 아쉽고 애틋하다는 것을요. 아무래도 제가 서 있는 시점이 선홍빛 낙조의 시간대라 그런가 봅니다. 길지 않은 시간이지만 장중하게 주위를 압도하며 운명처럼 서서히 홍색, 바이올렛, 치자, 엘로우, 그레이, 먹빛으로 어둠을 감싸 안는…
 그러나 fun하게.

현대시학서정시선 04

어리석은 이데아여! 이크, 마린블루시계 찼네

초판 1쇄 발행	2025년 11월 20일

지은이	이지향
발행인	전기화
책임편집	이주희

발행처	현대시학사
등록일	1969년 1월 21일
등록번호	종로 라 00079호
주소	서울시 서대문구 충정로 11길 26 현대빌딩 101호
전화	02.701.2341
블로그	http://blog.daum.net/hdsh69
이메일	hdsh69@daum.net
배포처	(주)명문사 02.319.8663

ISBN	979-11-93615-42-3　03810

○ 책값은 뒤표지에 있습니다.
○ 이 책의 판권은 지은이와 현대시학사에 있습니다.
　이 책 내용의 전부 또는 일부를 재사용하려면 반드시 양측의 서면 동의를 받아야 합니다.
○ 잘못 만들어진 책은 구입하신 서점에서 교환해 드립니다.